길

혜성 시집

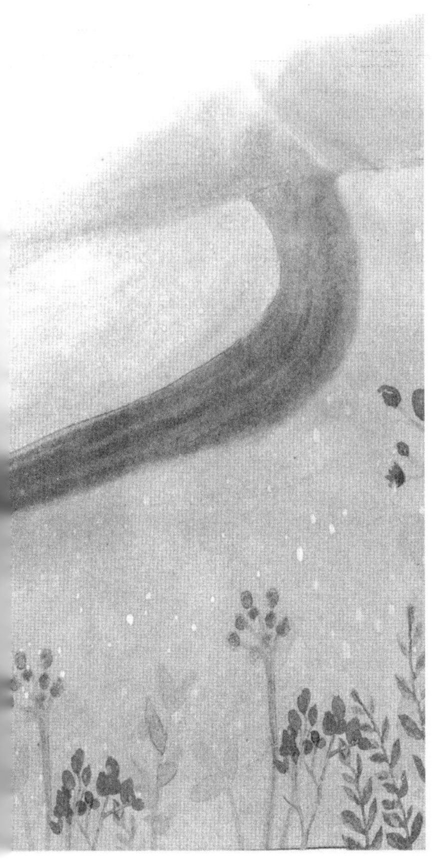

쿰란출판사

||||| 시인의 말 |||||

시는
당신에게 드리는
한 다발 꽃입니다.

때로는
눈물 망울 꽃으로
때로는
소망 환한 꽃으로

진솔한
나의 사랑을
엮어 만든
수줍은 꽃다발입니다.

2013년 봄
혜성

IIIII 차례 IIIII

1부

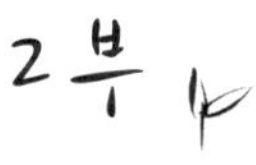
2부

3부

4부

1부

각설탕

작은 알갱이가 쌓여
각진 응어리

그러나
물방울 하나에도
금세 허물어지는 각설탕

따끈한 찻잔을
몇 바퀴 돌고나면
자취 없이
녹아져 버리는 알갱이

너와 나의
불편한 응어리도
찻잔 안에 톨톨 털고

휘휘 저으면
순식간에
풀어져 버릴 수 있을까

친구

봄비 내리면
우산 하나 받쳐 들고
서로의 어깨 반은 젖은 채로
길을 걸어 주던 친구

꽃이 피면
푸른 동산에 올라
들꽃 향기 마시며
새록새록 피어나는 꿈으로
함께 설레던 친구

고향을 떠나던 그 봄
아지랑이 정겹게 오르던 언덕길에
두고 온 친구
봄이면 어김없이 나를 찾아와
추억의 꽃반지 끼워주는
그리운 내 친구

꿀벌

꽃길 따라
환히 웃으며
달콤한 사랑을
실어 나르던 너

그렇게 살아야만 했었니?

남몰래
쌓인 분노를
독한 침으로
쏘아 버리는 너

그렇게 해야만 했었니?

꿀과 독을 함께 마시는 너
사랑과 미움을 함께 품은 너

좋을 땐 단물을
나쁠 땐 쓴물을 뱉는
너의 이중성

우리도 너처럼
그렇게 살아야만 하는 거니?

그녀가 오늘 내 앞에서 울고 있다

많은 사람들에게
교만과 독선으로
아픔을 주는 그녀
그녀가 오늘 내 앞에서 울고 있다

울고 있는 그녀를 보며
언제가 나도 그녀의 황당한 공격에
혼자 울었던 기억이 났다
하필 그녀가 나를 찾아온 것이다

그녀에게선 더 이상의
화려함이나 당당함은 없었다
남겨진 것 하나 없는 패잔병의 모습으로
나를 찾아온 것이다
그녀를 위해 비축해 둔
엄청난 양의 지적과 충고의 총탄들을
난 그녀의 하소연을 들으며 만지작거렸다

그녀의 쏟아지는 눈물
계속되는 회한과 절망을 보며
이제 그녀를 변화시킬 수 있는 것은
백 발의 충고탄보다
한마디의 따뜻한 위로
그것이 필요하다는 것을 알았다

한 번쯤 생각해 봐요

내가 한 칸 오를 때
한 칸 내려가는 사람이
있는 건 아닌지

내가 가진 하나가
바로 그 누군가의
잃어버린 하나가 아닌지

내게 주어진
성공과 웃음 뒤에
그 누구의 좌절과 눈물이
고여 있는 건 아닌지

가질 수 있는 권리도
숨죽여 울고 선
그 누구를 위해
용기 있게 내어놓을 수 있는지

한 번쯤 생각해 봐요

병상

금빛 가을 햇살
당신의 병상은
노을빛 호수에 떠 있는
한 척 배처럼 외롭네요

밤낮 없이
가난한 자들을
찾아 나서던
당신의 낡은 신발은
몇 달째 잃어버린
주인의 발길을
기다리고 있네요

만나는 이들에게
위로와 웃음을
주던 당신은
말 못하는 병상에서도
찾아와 줘서 고맙다고
따뜻이 눈인사하네요

충분히 고마운 사람

여기에서
당신의 응원이
멀어진다 해도

여기에서
당신의 격려가
멈춘다 해도

여기까지만으로도
당신은 내게
충분히 고마운 사람

먼 훗날
오늘을
다시 돌아본다 해도

외롭고 힘겨운 시절
먼 길 달려와
묵묵히 손잡아 준
당신은 내게
충분히 고마울 사람

가을엔

가을엔
왜 자꾸
하늘을 보게 될까

부담스럽던
한여름의 태양이
음색을 낮추고 비껴서 준 탓일까

붉은 단풍 바라보다
꼭대기 너머 쪽빛 하늘까지
보게 되는 탓일까

나도 너에게
바라보기에
부담스럽지 않은 존재로

네 인생의
잔잔한 바탕 그림 같은 존재로
언제까지나 함께 흐르는
가을 하늘이 될 순 없을까

뒷모습

눈부시게 아름다운
가을의 뒷모습

조물주의 섭리 앞에
조용히 자리를 비우는 겸손

마지막 한 조각까지도 태워
남은 이들을 배려하는 희생

노을 길 따라 돌아서는
너를 보며
난 나의 뒷모습이 궁금해진다.

어느 날 있을
나의 마지막

누군가 나의 뒤에서
눈물겹도록 사랑스러웠던
사람이라 불러준다면
나도 너처럼
환한 미소로 잠들 수 있겠지

바느질

가을비가
눈물에 젖어 내리는 날

남편 멀리 떠나보낸
어깨 좁은 그녀를 떠올리며

먼지 묻은 돋보기
때 묻은 반짇고리 찾아내어
가을비 창가에 앉아 봅니다

저 비가 그치면
옷자락 사이사이
위로와 사랑을 담아
그녀를 위해
매만진 옷가지들을
내밀어 보려고 합니다

내 작은 수고가
그녀의 눈물 닦아 줄
단풍만한 손수건이
될 수 있길 기도하며
온종일 흐느끼는
가을비 창가에서
바느질을 합니다

나눔

이웃에게
하나를 더하기 위해
나에게서
하나를 빼야 한다

많은 것들 중에
하나라 쉬울 줄 알았는데
뺄셈을 시작하려는 순간부터
내 배는 괜히 더 허기지고
내 머리는 계산이 더 빨라진다

이웃에게
하나를 더하기 위해
눈 딱 감고
계산기를 덮어버리는
용기 있는 사람들이 부럽다

시 같은 친구

내 친구 시는
어떤 분노나 투정도
말없이 받아 주는
속 넓은 친구

복받치는 슬픔이나 회한도
따뜻하게 들어주며
다시 새 길 떠날 힘을 주는
지혜로운 친구

나도 누구에게
시 같은 친구가 되어
그가 쏟아 내는
모든 먹물 받아 주고 닦아 주는
가슴 깊은 친구가 되고 싶다

안개비

안개비에 젖은 오후
외로움에 젖어
당신을 찾았습니다

마주한 커피는
아리한 향을 피우며
가슴으로 스밉니다

당신과 함께
비와 나무
그리움과 추억에 대해
솔솔 담소를
나누고 싶었는데

일상의 업무만
열심히 물으시는 당신이
문득 마음 털어 놓을
친구 하나 없어
외롭다고 할 때

당신을 마주한 나는
창문을 타고 흐르는
물방울처럼 작아져 버립니다

내가 있는데도 외로운 당신
당신이 있는데도 외로운 나

둘 사이로 흐르는
뿌연 물안개 개울을 따라
서러운 안개비가
종일토록 내립니다

바다와 하늘

푸른 수평선
다정한 어깨동무

시원스런 목청
노래하는 바다야

돌고래 구름
하얀 파도 일으키며
춤추는 하늘아

가장 멀지만
가장 가까운 친구야

전화

답답함을 누구에게 말하면
조금 후련해질까
친구에게 전화를 건다

마음을 털어 놓기도 전에
내 얘기는 허리 잘린 무처럼
덩그러니 한쪽으로 굴러가 버린다

주도권을 잡은
친구의 신변잡기 사연은 계속되고
고독은 전선을 타고 달려와
손으로 귀로 온몸으로 퍼진다

화해

함께 정든 긴 추억이
뚜렷한 이유도 모른 채
순식간에 막을 내렸다

함박웃음 대신
어색한 눈웃음으로
서로의 쓸쓸한 어깨를
스쳐 지나고

오가는 말은
오해의 가시에 찔려
다시 서로에게 꽂히고

원망과 서운함의 대상이
바로 당신이란 것이
지독한 외로움을 낳았다

어느 봄비
촉촉히 적시는 날
저만치 울고 선
우리의 사랑이 보였다

용기 내어
따끈한 칼국수라도
같이 하자고 전화를 걸었다
빗속을 한달음에 달려온 당신

새순보다 더 생기 있게
내 앞에서 옛날처럼
웃고 있는 당신
당신도 나처럼
울고 있었구나

소유

당신이 떠난다고
이토록 허탈해 하는 것은
당신의 뒷모습을 보며
이다지도 분노하는 것은

조건 없다던
나의 사랑에 이끼 낀
욕심 때문일 거예요

당신이 나에게 온 것처럼
당신을 나에게서 값없이
보낼 수 없어서 미안해요

잠시라도 당신이
나의 소유라고
착각한 나를 용서해 주세요

사모님의 병

어느 작은 교회
사모님이 걸린 병

누가 외롭다고 울어도
얼른 달려가 안아 주지 못하는 병
누가 좋다고 달려와도
선뜻 팔 벌려 반갑게 맞아 주지 못하는 병

개척교회 삼 년 만에
걸려버린 병

사람은 사랑할 대상이지
믿을 대상은 아니라는 것을 확인한 후
시름시름 앓기 시작한 병

나무와 새

겨울나무여
그대 외로운 가슴에
작은 겨울새 되어 앉아도 될까요

가진 것 없고 힘도 없지만
그대를 위해 노래해도 될까요

더 이상의 이별은 없을 거라고
배려 없는 바람도 껴안아야 한다고
고독은 동행의 소중함을 가르쳐 줄 거라고

겨울나무여
그대 잿빛 품에
여린 겨울새 되어 안겨도 될까요

얼어붙은 목소리 가다듬고
그대를 위해 노래해도 될까요

다시 피어날 계절을 기다려 보자고
그때는 그리운 벗들도 돌아올 거라고
그때는 우리도 겸손한 나무와 새가 되어 있을 거라고

강변 결혼식장에서

신부의 고운 드레스처럼
강물이 흔들리고 있었습니다

모처럼 단장하고 나온 하객들은
궁궐 무도회에 초대된 듯
정중한 인사와 웃음을 나눕니다

정갈한 실내악에 맞춰
신랑, 신부가 들어오니
젊은 하객들은 사랑의 꿈으로 설레고
나이든 하객들은 먼 옛날 사랑을 추억합니다

마음의 준비도 할 틈 없이
저리 빨리 자라버린 자식들 앞에서
세월은 우리의 나이를 가르쳐 주고 있습니다

중년의 몇몇 커플들이 볼룸 댄스를 춥니다
예쁘지도 밉지도 않지만
왠지 인생의 무상함을 느끼게 합니다

음악은 젊지도 늙지도 않은 곡조로 계속 흐릅니다
아침에 시작된 결혼식은
노을이 몰려드는 저녁까지도 계속됩니다

아들아

아들아
외아들인 네가
엄마 가슴엔 두 명이구나

하나는
땀 뻘뻘 흘리며
지칠 줄 모르고 뛰어다니던
개구쟁이 아들 녀석

하나는
머리에는 무스를 바르고
아르바이트한 용돈으로
내 생일이면 선물을 소포로 보내는
멋쟁이 청년 아들

아들아
엄마는 어릴 적 귀여운 내 아들도
의젓하게 자란 내 아들도
바라보고만 있어도 흐뭇해지는데
왠지 이제는 너를 보내야 할 것 같구나

더 이상은 엄마의 아들이 아닌
그 누구의 남편이고
그 누구의 아빠로 살아갈
너의 제2의 인생길을 지켜보며
조금 멀찍이 서 주어야 할 것 같다

너의 엄마였던 것이 즐거웠다
그리고 지금도 너의 엄마여서 너무 행복하다
안녕 내 사랑, 나의 아들아

아버지의 유언

항암 치료를 받으신 아버지는
말조차 잘 하실 수 없게 되었다

학교에 돌아온 딸을 향해
평소보다 밝은 모습으로
아버지가 손짓하셨다

모처럼 마주한 아버지의 얼굴은
검푸른 진통이 깔려 있었지만
어느 때보다 인자했다

아버지는 자신을 쏙 빼닮아
예쁘다던 딸을 찬찬히 바라보시며
말문을 여셨다

가족들만 남겨 놓고
아버지 먼저 좋은 곳으로 가서 미안하다고
어머니에게도 자식들에게도
아버지는 이제 아무 것도 해 줄 수 없다고

그러나 감사한 것은
하나님이 어머니의 신실한 남편이 되어 주시기로
아이들의 좋은 아버지가 되어 주시기로 약속하셨다고
그래서 아버지는 참 기쁘다고……

그런 말 하지 말라고 떼를 쓰고 싶었지만
왠지 아무 말도 못했다
자주 안아주던 아버지의 넓은 가슴을
오늘은 딸이 안아 주었다
옅어지는 숨소리와는 달리
딸의 머리 위에 떨어지는
아버지의 눈물은 아직 뜨거웠다

그 눈물이 채 마르기도 전에
생각만 해도 힘이 난다고 하시던
사랑하는 딸의 품에서
아버지는 고요히 하늘로 향하셨다

2부

옹달샘

내 마음이
옹달샘이었으면 좋겠습니다
심술 맞은 돌팔매질에도
빙그르르 웃어 버릴 수 있는
속 깊은 옹달샘이었으면 좋겠습니다

내 마음이
옹달샘이었으면 좋겠습니다
지친 산새들 찾아와
빛바랜 깃털을 빨고 길 떠나는
깨끗한 옹달샘이었으면 좋겠습니다

내 마음이
옹달샘이었으면 좋겠습니다
지나는 산객들에게
약수 한 잔씩 권하며 목마름 씻어 줄 수 있는
인심 후한 옹달샘이었으면 좋겠습니다

길

보이지 않았습니다
그러나
내게 놓인
오직 한 길이었습니다

믿음으로 한 발
눈물로 한 발
기도로 한 발
용기 내어 조심스레
내딛었습니다

돌아보니
길은 있었습니다
보이지는 않지만
내가 내딛을 때마다
생겨나는 길이 있음을
이제 알게 되었습니다

김장

설 얼은
뒷마당에
서걱서걱
구덩이를 파고
장독들을 묻습니다

동치미
배추김치
총각김치
맛깔대로 한 독씩
담아 넣습니다

깊은 겨울
잘 익은 김장을 꺼내듯
인생의 엄동설한
잘 빚은 믿음의 장독들을 열어
평안과 기쁨을 맛보고 싶습니다

겨울이 오기 전
눈물빛 기도
또렷한 말씀
따뜻한 선행
한 독씩 차곡차곡
삶의 길목 여기저기
묻어 놓고 싶습니다

시소

욕심이 앉으면
불안이 올라가고

감사가 앉으면
기쁨이 올라가는

내 마음의 시소

자랑이 앉으면
허탈이 올라가고

겸손이 앉으면
평안이 올라가는

내 인생의 시소

기대

친구가 들려준
과대 예고편으로
근사한 장면을 상상하며
영화를 보러 갔을 때

중매 아줌마를 통해
세상에 둘도 없을 총각이라
소개 받고
맞선 보러 갔을 때

실망이 컸다

사람들 앞에서
내가 과대 광고될 때

실망을 줄까 걱정이 크다

떡갈나무

이슬비에
말끔히 씻은
떡갈나무 얼굴이
선명한 아침 길

촉촉한 빗방울이
내 머리에도
어깨에도 번져 온다

이 비를
다 맞고 나면
나도 떡갈나무처럼
청명한 얼굴을 가질 수 있을까

방울 바람
살랑살랑 옷깃을 흔들면
못 이기는 척
때 묻은 내 심장도
한 장 내어 놓을까

겸손한 이슬비는
질책 대신 눈물로
내 죄 씻어 줄까

말

한마디 말을 못해
우리는
수천 번의 말을
마음으로 하고
지우고 또 다시 합니다

한번은 조심스럽게
한번은 단호하게
한번은 교양 있게
한번은 막무가내로
한번은 솔직하게
한번은 큰소리치며

그러나
이 소리는
그 누구도 듣지 못하고
꼭 들어야 할
그 사람조차도 듣지 못하고
시간 속에 부식되어 갑니다

사노라면
너무 사랑하기 때문에
너무 분노하기 때문에
너무 아프기 때문에

차마
수천마디를
허공에 뱉을지언정
한 마디 말로
끝끝내
잇지 못하는
잇지 않아야 하는
그런 말이 있습니다

잡초

며칠만
손질을 안 해도
훌쩍 자라버리는 잡초

물을 주지 않아도
거름을 주지 않아도
쑥쑥 자라나는 불청객

며칠만 기도하지 않아도
며칠만 감사하지 않아도

평안을 이리저리 흩어버리고
금방 자라나는 질긴 잡초
나의 교만 나의 욕망

못

세월을 구르며
교만과 독선은
나이테를 수북 감은 채
내 안에 굵은 못으로 박혔다

자아가 꿈틀거릴 때마다
내 안과 밖
자신과 이웃
여기저기를 굴러다니며
쿡쿡 찔러댄다

더 깊어지기 전에
더 아파지기 전에
피눈물 쏟는
통증을 참고라도
이젠 못을 뽑아야겠다

소독

조그만 차별에도
쉽게 섭섭해지고

가까운 사람의 성공에
은근히 비교를 하고

넘겨야 할 말들을
주워 안고 아파하는

내 좁은 속 통을
한번은 열어 제치고
뒤집어엎어
빡빡 문질러야 한다

누구를 치유하기 전
먼저 치유 받아야 할
누구를 위로하기 전
먼저 위로 받아야 할

내 속 통을
환한 햇볕 아래
내걸고 소독해야 한다

봄비

하이얀 목련 씻겨준 손으로
나의 까만 죄악 씻어 주렴

연분홍 벚꽃 쓰다듬은 손으로
나의 잿빛 아픔 어루만져 주렴

노오란 개나리 닦아준 손으로
나의 얼룩진 분노 닦아 주렴

온 세상
맑은 물로 씻어 주는
너의 욕조 속에 지긋이 눈감고
누워 보게 해 주렴

아카시아

골목을 돌아
열린 창문 사이로 들어선
아카시아 꽃향기가
진한 뽀무질을 시작한다

이참에
내 마음의 빗장도 열어
겨우내 습진
구석구석을 뽀무질하련다

온 마음 가득
꽃향기에 젖으면
내가 들이쉬는 들숨도
내가 내쉬는 날숨도
꽃향내만 뿜어 대겠지

어느 봄날

연둣빛 새순 사이로
투명한 햇살이 흐르고
연분홍 벚꽃이
함박눈 되어 휘날린다

이런 날엔
책상 위에
분주한 서류들을 내려놓고
시집 한 권
얇은 스웨터 하나 들고
나지막한 산에 오르고 싶다

산을 오르며
꽃향내 배불리 마시고
산마루에 기다려 선 나무 아래서

하늘과 바람
꽃과 나무
새와 바위
다정한 벗들의 이름을
모두 불러봐야겠다

내려오는 산 중턱쯤
아담한 찻집이 있으면
꽃잎 띄운 차 한 잔 마시며
파릇한 시도 한 편 써야겠다

가지 치기

잘 갈아진 낫을 휘두른다
주인의 눈에 불필요한 부분은
가차 없이 뚝뚝 떨어져 나간다

가지가 잘릴 때마다
팔에서도 어깨에서도
칼날에서도 연둣빛 선혈이 흐른다

약속하다는
세간의 입방아를 무시하고
주인은 흔들림 없는 결단으로
가지를 쳐 나간다

더 아담하고 건실한 모습의
싱싱한 내일을 위해
싹싹 가지를 친다

가을 하늘

나지막이 지상을
내려다보는
맑고 푸른 눈망울

세상의 작은 시름에도
쪼로록 눈물 흘려
아파해줄 것 같은
깊고 푸른 눈망울

시상

온 가슴을
은근한 시상에 담근다

감상에 흠뻑 젖어
묵직해진 가슴을
후르르 건져 올린다

꼭 짜는 손가락 사이로
뚝뚝 황금빛 시어들이
떨어져 내린다

국화

덥지도 춥지도 않고
시원하면서도 깨끗한 공기가 좋아
가을에 핍니다

너무 연약하지 않아
사람들이 만지기도
부담스럽지 않습니다

노란, 진보라, 주황
모두 가을빛을 닮아
단풍들과도 아주 잘 어울립니다

그래서인지
거리에서도 정원에서도
국화는 당당하게
가을의 길목을 지키고 있습니다

낙엽

너를 떠나보내며
우리도
우리에게
조문을 쓴다

너보다
가벼운 인생이기에
덧없는 인생이기에

오색 빛
회한과 아쉬움이
수북이 퇴적되는
노을 마당에 앉아

한 줌 흙으로 돌아갈
우리도
우리에게
흙먼지 퍼석한
한 줄 조문을 쓴다

가을에는 시인이 되어

가을에는 시인이 되어
붉게 타는 단풍을 향해
목숨 바칠 수 있는 사랑에 대해
물어 보렵니다

가을에는 시인이 되어
눈부시게 푸른 하늘을 향해
욕심 없는 소망에 대해
물어 보렵니다

가을에는 시인이 되어
서럽게 숨죽이는 낙엽을 향해
만남보다 아름다울 수 있는 이별은
정녕 없는지 물어 보렵니다

상상

너무 많은 것을
알려 하지 말자
너무 깊은 것을
생각하지 말자

사실을
더 크게
더 복잡하게
만들어 버리는 상상

하늘 끝까지
오를 수 있고
절벽 아래까지
추락할 수 있는
상상의 위험한 날개를
꽁꽁 묶어버리자

내가 본 그만큼
상대가 말한 그만큼
이해하고 살아가자

과장스럽지도
각박하지도 않게
주어진 지금의 한 조각을
음미하며 사랑하자

핸드백

오늘 하루 종일
사람들에게
인사 받는다고
힘들었니?

난 네가
그렇게 유명하고
비싼 줄 몰랐어

남녀노소 다 아는
너의 이름이
루이비똥인 것을
나는 왜 몰랐을까

넌 나의 잡동사니 필수품을
담기에 적격인데
사람들은 나랑 너랑은
어울리지 않는다고 하는구나

굳이 말하지 않아도
그 이유는 잘 알 것 같아

낡은 서랍장 위에
돌아와 앉은
너의 단아한 자태를 보며
내 귀걸이도 미니스커트도 그랬듯이
어쩜 너도 지켜줄 수 없을 것 같아
자꾸 미안해진다

26일의 산타클로스

어젯밤까지
루돌프 사슴을
타고 다니던 산타가
수척한 얼굴로
출근길 골목에 서 있다

연말의 거리는
여전히 휘황한데
사람들의 발길은
여전히 분주한데

하룻밤 사이
철 지난 상품처럼
전성기 지난
배우가 되어버린 26일의 산타

기다림은 있어도
고마움은 없었던 아이들
애써 그들이 보여준
환호와 웃음만을
기억하려 해도
자꾸 씁쓸한 헛기침이 일어난다

겨울 여행

가난한 시인의 코트를
서걱거리는 바람에 날리며
오늘은 꼬리 긴 기차를 타고 싶다

헤이즐넛 향 커피 한 잔 손에 들고
깨끗한 시집 한 권 팔에 끼고
하늘과 들과 강을 안은 창가에 앉고 싶다

멀찍이 앉은 순박한 얼굴들과 눈인사 나누며
창밖 흩날리는 눈발을 가슴에 맞으며
가난하지만 시가 있어 행복한 시인이 되어
깊은 겨울 나라로 떠나고 싶다

3부

날개

연노랑 나비
가벼운 날개도 좋고요
연분홍 참꽃
보드란 꽃잎도 좋아요

내 가슴에 그런
곱고 자그만 날개를
달아 주세요

산들 바람 한줄기 같은
당신의 숨소리에도
나풀나풀 날아가는
작은 날개를 달고 싶어요

당신의 하늘 품에서
영원의 포물선을 그리며
날고 싶어요

하늘과 강이 되어

강은 하늘을 담고
연파랑 물이 들어
어디론가
떠나가고 있다

오늘은
나도 강이 되어
하늘 같은 당신을 안고
떠나고 싶다

하늘 같은 당신과
한 평생
한 색깔
한 몸이 되어

죽어도 행복할
사랑을 노래하며
유유한 강이 되어
흐르고 싶다

차라리 멀리서

차라리 멀리서
당신을 다 몰라
신비로운 눈으로
바라볼걸 그랬습니다

차라리 멀리서
당신을 다 갖지 못해
허기진 그리움으로
기다릴걸 그랬습니다

차라리 멀리서
당신을 다 가질
꿈같은 날들을 그리며
설레일걸 그랬습니다

개나리

금빛 햇살에
그리운 속내
환히 비추고 선 너

진노랑 달빛에
서러운 가슴 드러내고
꽃바람에 기대어
흐느끼는 너

네 앞에 서면
너의 선명한 표현
너의 당당한 사랑이
부러워진다

나도 너처럼
그 누군가의 뜨락에
시리도록 또렷한
한 잎 사랑으로
타오르고 싶다

눈물

당신만 생각하면
가슴이 멍멍해집니다
당신을 불러보면
목이 메어옵니다

당신은
항상 기뻐하라고 했는데
나는 번번이
당신 앞에 서면
너무 좋아서 울어버립니다

상봉하는 이산가족처럼
대상을 받는 수상자처럼
너무 좋아서 자꾸 눈물이 납니다

한지

물을 잘 먹는
한지였나 봐요

노란 물방울 한 점에
온 산들이
황금빛 물이 들어버렸어요

계절을 잘 타는
가슴이었나 봐요

빨간 단풍 한 장에
온 가슴이
붉게 물이 들어버렸어요

재회

오랜 이별
긴 그리움이
습관처럼
당신과 나의 사랑에
묻어 있습니다

잠깐의 만남
꿈같은 재회이건만

당신의 깊은 눈을 바라보며
당신의 따사한 숨길을 느끼며
우리의 일상을 얘기하며
우리의 영원한 사랑을
애써 확인하건만

저만치 앞
우리를 기다리는 이별이
있음을 알기에

세상에는
꼭 헤어질 필요는 없지만
꼭 헤어져야 하는 이별이
있음을 알기에

우리의 재회는
촉촉한 눈물 빛
애절한 한 송이 사랑을 피우고
다시 작별을 고하고 있습니다

짧은 이별

항상 있어야 할 자리를 비워
잠시 아쉬운 존재가 되고 싶습니다

항상 해야 할 일들을 접고
잠시 호젓한 자유로움으로 흐르고 싶습니다

항상 사랑해야 할 사람을 떠나
잠시 애절한 그리움으로 바라보고 싶습니다

더 긴 사랑을 위해

사랑하고 싶어요

사랑하고 싶어요
당신 한 분만으로
부유한 사랑

당신이 가진 부귀도
당신이 베풀 권세도
내 사랑의 동기가
될 순 없어요

당신의 존재 자체가
내겐 감사이고
당신의 사랑 자체가
내겐 기쁨이지요

사랑하고 싶어요
당신 한 분만으로
눈이 먼 사랑

쪽배

까아만 밤하늘
노오란 쪽배는

당신과 나
딱 둘만 태우고

별들이 찰랑거리는
들녘을 지나
안개구름 피어나는
골짝을 지나

심연의 밤바다로
향하고 있다

둘이 함께라면
칠흑빛 어둠 속에서도
오롯이 호롱불 밝혀 들고
사랑의 항해 떠날 수 있는

당신과 나
딱 둘만 태우고

믿음

믿음은 기다림
다시 온다고 한 그 약속
비바람 속 길어지는
세월의 오차 속에서도
기다리는 것

믿음은 바라봄
눈에 보일 때만이 아닌
눈에 보이지 않을 때도
흔들림 없는 눈길로
응시할 수 있는 것

믿음은 들음
소리쳐 부르지 않아도
작은 신음 하나도
놓치지 않고
들을 수 있는 것

눈꽃

난 겨울 밤
그대 창가에 피어난
한 송이 눈꽃이고 싶습니다

그대가 지쳐 울다 잠이 든 밤
그대 곁에 소리 없이 앉아 있는
눈꽃이고 싶습니다

아침에 문득 눈을 뜬 그대에게
화사한 위로의 연서로 피어나는
눈꽃이고 싶습니다

오늘 같은 날엔

오늘 같은 날엔
잔잔한 조명이
달빛으로 쏟아지는
동그란 무대 위에
당신과 나
단둘이 서고 싶다

오늘 같은 날엔
군밤처럼 달구어진
수줍은 얼굴을
살며시 들고
당신의 깊은 눈을
바라보고 싶다

오늘 같은 날엔
독수리 날개 품보다 깊은
당신의 가슴에 쌓여
눈송이처럼 사랑스런
스텝을 밟으며

춤을 추고 싶다
당신과 함께 날고 싶다

이슬

밤새 영근 사랑
신선한
아침 햇살에
빛나고파

긴 밤
찬바람 설움
동트는 아침 언덕에
풀어 놓고파

선잠 깬
옥색 눈물 되어
푸른 대롱에
초롱이 달렸네

가을 이별

꼭 안아 주던
당신의 넓은 가슴은
더 이상 안을 수 없는
어여쁜 아내의 창가에
낙엽이 되어 떨어집니다

당신의 따뜻한 손길은
더 이상 챙겨줄 수 없는
딸과 아들의 방문을
갈바람이 되어 두드립니다

당신의 뜨거운 눈빛은
당신이 그토록 사랑했던
아내와 아이들의 마당에
충혈된 붉은 눈물
단풍이 되어 휘날립니다

남편의 결혼식

"엄마!
아빠 안수식이
아빠 결혼식 같아요
예쁜 옷도 입고
손님도 많이 오고
맛있는 것도 먹고……"

어린 딸의 말에
난 어느새
노처녀 딸을 시집보내는
친정어머니가 되어 있었다

외롭고 험한 길이라
그리 말렸는데
마흔이 넘은 남편은
막무가내로 신랑을 따라
길을 나선다

세상 사람들이
알아주지 않는다 해도
가난하고 힘들 것이라 해도
그분과 함께한다면
죽어도 행복하다며 길을 떠난다

멀어져 가는
딸의 뒷모습을 바라보는
친정어머니의 눈물이
옷고름 속을 타고
간절한 기도가 되어 흐른다

“저보다 남편을 더 잘 아시고
더 사랑하시는 주님,
저의 남편을 당신께 드립니다
사랑해 주세요
잘 부탁해요”

주말 부부

전화할 때면
"나는 편하게 잘 지내고 있어"라고 하더니
차에서 내리는 초췌한 당신의 모습은
편안해 보이지 않네요

"혼자 사는 기숙사가 호텔 분위기라 식구들한테 미안해" 하더니
현관에 들어오면서
"우리 집이 이렇게 넓은 줄 몰랐네"라고 하네요

"혼자서도 잘 챙겨 먹어" 하더니
냉장고를 몇 번씩 열며
"모처럼 과식했네"라고 하네요

사람들은 아이들 데리고
내가 고생이 많다고 하는데
나는 오늘 아이들도 아내도 없이
고생하는 당신을 보네요

먼 길 달려와
엄마 품에 안긴 아기마냥
지쳐 잠든 당신

애써 참으려 해도
축축한 베갯잇 사이로
복받쳐 터지는 울음은
긴장 풀린 당신의 숨소리와 합창이 되어
온밤을 서럽게 흔들고 있네요

빨간 꽃다발

보스턴에서 뉴욕
네 시간을 달려온 남편

남편을 따라
영문도 모른 채
차에 실려 온 빨간 단풍

앞마당에 들어서는
남편의 설레는 호흡이
촉촉한 가을비에 녹아
물안개로 피어난다

대문에 정겹게
나와 선 아내를 향해
"단풍잎이 너무 예뻐"라며
쑥스럽게 빨간 단풍 꽃다발을 내민다

"그리고 사랑해" 라고 말하는 순간
남편의 얼굴도 가슴도
빨간 단풍으로
다시 물들어 버린다

오빠

남편은 오빠라고 부르라고 한다
늙는 것도 서러운데
젊게 살자고

여보 여보 부르다가
영감 할멈 부르게 되면
슬플 것 같다고

결혼하자마자
시아버님이 권장하신 호칭
여보 당신이 익숙해진 지금

오빠라고 장난칠 때는
가끔 불렀지만
막상 남편이 불러 보라고 하니
쑥스러워
일주일 연습 기간을 달라고 했다

늙어 보이지 않으려고
불러보는 호칭은
부를수록
늙어 가는 우리를
실감나게 한다

오빠!
당신의 주름도
흰머리도
나에겐 모든 것이
소중한데
꼭 오빠라고 불러야 돼요?

애인 같은 아내

이렇게
화사한 봄날엔
애인 같은
아내가 되고 싶습니다

꽃잎 원피스 나풀거리며
반짝이는 하이힐을 신고
당신의 손을 잡고
벚꽃 송이 눈꽃 송이 되어
날리는 강 길을 따라
하염없이 거닐고 싶습니다

이렇게
눈부신 봄날엔
애인 같은
아내가 되고 싶습니다

색색의 꽃 그림자
실어 나르는 강가
조용한 카페에서
당신과 마주앉아
수줍은 눈으로 당신을
오래 바라보고 싶습니다

애인 같은 아내가 되어

고등어 같은 아내

어느 날 아내가
내 내복을 입고 침실로 들어왔다

남자 내복은 크니까 더 편하단다
공기층이 두꺼워 더 따뜻하단다
회색 내복을 입은 아내가 밉지 않다

너덜거리던 낡은 레이스
빛바랜 꽃무늬
아내의 핑크색 내복이 생각난다

회색 내복을 불평하지 않는 아내
나의 느낌이 좋다고 하는 아내
새 것을 사달라고 조르지 않는 아내
무심한 나를 서운해 하지 않는 아내
회색을 입어 고등어 같은 아내

그 고등어와
회색 삼치 닮은 나는
같은 생선이라
같은 꿈을 꾸나보다

시 / 남편 김영준

남편

근사한 저택 대신
허름하지만 따스한 가슴 내밀며
포근히 감싸 주는 당신

휘날리는 승진 통보 대신
작지만 진실한 사랑의 응원을
날마다 띄워주는 당신

눈부신 다이아 반지 대신
깊은 밤에도 반짝이는 별 헤며
내일의 소망을 꿈꾸게 하는 당신

4부

이유 있는 사랑

내가 당신을 사랑하는 데에는
아무런 조건이 없습니다
더 많은 물질도
더 많은 명예도
더 많은 사랑도
바라지 않습니다

그러나
내가 당신을 사랑하는 데에는
수많은 이유가 있습니다
당신이 보여 주신
끝없는 용서
묵묵한 동행
과분한 사랑……
내가 당신을 이토록 사랑하는 데에는
충분한 이유만 있을 뿐입니다

우편배달부

기도하는 시인이 되고 싶다
시를 쓰는 시간보다
기도하는 시간이 길었으면 좋겠다

영혼이 투명하여
하나님을 볼 수 있었으면 좋겠다
하나님의 눈물과 미소도 보고 싶다

하나님의 마음을 알아
그분의 사랑을 알아
가가호호 그분의 사연을 배달해 주는
반가운 우편배달부가 되고 싶다

공저

시를 쓰는 것이
어떻게 하나님께
영광이 될 수 있을까

시를 쓰면서
어떻게 하나님과 함께
일할 수 있을까

그래서
무릎을 꿇었습니다
그래서
자꾸 물었습니다

이 다음에
하늘나라에 가면
시집을 꺼내 들고
우리가 함께
공저했던 시절을 떠올리며
기뻐하고 싶어

오늘도
당신을 마주 하고 있습니다

홍시

나를 위해
이토록
붉게 피 흘렸나요

나를 위해
이토록
벌거벗었나요

나를 위해
이토록
외로웠나요

시푸른
하늘 자락에 걸린
선홍빛 홍시처럼

내 텅 빈 가슴에
박혀 버린
당신의 사랑

붓

불려드는 바람을
시원스레 그려내는
갈대 닮은 붓

낮은 산등선 걸쳐져
온몸 풀어 춤추는
안개 닮은 붓

그런 붓을 가진다면
쉴 새 없이 피어나는
내 영혼의 벅찬 고백을
다 그릴 수 있을까

땅과 하늘 사이
파란 화폭 펼쳐놓고
구름 닮은 붓으로
터질 듯한 이 사랑
다 그릴 수 있을까

가을의 기도

만날 사람들을 세워 두고
해야 할 일들을 미뤄 두고
주황빛 창가에서
당신을 기다립니다

환한 평화의
옷깃을 흘리며
내 방으로
내 가슴으로
당신은 오십니다

긴 계절 동안
기다려 주시던 당신은
나의 작은 손짓에도
한달음에 달려오십니다

난 지금이 좋아요

날마다 구한
일용할 양식을
눈물로 받는 기쁨
난 지금이 좋아요

절박한 기도 속에
따뜻이 내미는
당신의 손 꼭 잡는
난 지금이 좋아요

가난해도
당신으로 인해
마음의 부유 누리는
난 지금이 좋아요

보혈의 강

세척제로 빡빡 문질러도
창포물로 싹싹 헹궈도
때는 잘 지워지지가 않습니다

용기를 내어
보혈의 강에
먼지와 치부로 얼룩진
옷가지들을 들고 옵니다

붉게 흐르는
보혈의 강
당신의 사랑과 용서가
당신의 영혼을 풀어
핏빛으로 타는 강

보혈의 강에
냄새나는 욕정도
더러워진 육신도
상한 영혼도 던져 봅니다

씻을수록
당신의 보혈로
범벅이 되어 버리는
붉은 사랑의 옷

내 평생
보혈의 은혜만을 걸친
단벌 신사로 살렵니다

시나리오

잔잔한 조명과 음향을 깔고
감동적인 시나리오를 썼지요

주인공은 우리 가족
주제는 성공과 행복

그러나
감독님은
한 번도 내가 공들여 쓴
시나리오대로
연출하시지 않더군요

뭐가 마음에 안드셨나요
몇 번이나 지우고
다시 써보았지만
매번 퇴박을 놓으시네요

이번엔
아예 감독님께 시나리오까지
다 쓰시라고 통째 넘길까 봐요

"하나님이 다 하세요!"

조금 늦은 반응

하늘 무너져도
절망을 조금 늦추자

땅이 꺼져도
통탄을 조금 늦추자

바다가 뒤덮어도
포기를 조금 늦추자

하나님의 지혜를 기다리며
조금 늦은 반응을 하자

씨

내가 아파 쓰러진
그곳에서 꽃이 피었습니다

고통의 울부짖음이
회개의 통곡이 되어
밤하늘을 뒤덮었습니다

눈물이 핏물이 된
처절한 참회로
주검같이 엎드러졌습니다.

얼마 후
내가 아파 몸부림친
그곳에서 꽃이 피었습니다

나를 갈아엎은 그곳에
그분은 믿음이라는 꽃씨 한 움큼
뿌려 놓으셨던 것입니다

징검다리

솜털 구름
몽실몽실 굴려
지상에서 천상으로
놓인 하얀 징검다리

한 발씩 지상에서 멀어져야
한 발씩 가까워지는 천상

새털구름
나풀나풀 흐르는
깊은 하늘 속으로
놓인 고운 징검다리

하나씩 나의 욕심 벗어야
하나씩 밝아지는 당신의 뜻

하얀 징검다리 밟고
지상에서 천상으로
미련 없이
폴짝폴짝
뛰어 넘고프다

당분간

하나님
남을 미워하는 것이 나쁘다는 건 알아요
하지만 당분간 미워해도 될까요
박힌 가시에서 아직도 선혈이 흐르기에
지금은 차마 용서의 손을 내밀지 못하겠어요

하나님
남을 원망하는 것이 죄란 건 알아요
하지만 당분간 원망해도 될까요
잔인한 앙심으로 내 자존심을 난도질한 그 사람을
아직은 차마 이해의 눈빛으로 바라보지 못하겠어요

하나님
당신은 어떻게 그 미움과 원통을 푸셨나요
몸만 찢긴 게 아니라 자존심과 소망까지도
갈기갈기 찢겨버린 붉은 십자가에서
당신은 어떻게 그 아픔과 통한을 푸셨나요

하나님
그런 당신을 닮기엔
제 팔은 너무 짧고 제 가슴은 너무 좁아요
당분간만 조금 미워하고 원망하며
분풀이를 하고 다시 일어서도 될까요

당신은

당신은 내가 흘린
눈물 한 방울도
기억하셨네요

당신은 내가 뱉은
고백 한 마디도
담아 두셨네요

당신은 내가 바란
소망 하나도
알고 계셨네요

말이 없어
당신이 듣고 있는지
당신의 생각은 어떤지
궁금했는데

다 보고 계셨군요
내 눈물 한 방울까지도

아시죠?

칭찬 뒤에 꼭
실수하는 일이 생기는 것 아시죠?

절망 속에 꼭
기도하게 되는 것 아시죠?

포기 속에 꼭
소망이 돋아나는 것 아시죠?

모든 것 속에 꼭
그분이 함께하시는 것 아시죠?

칭찬

살랑살랑
칭찬 한마디가
얇은 귀창을 통해 들어와
가슴에 사뿐히 앉는다

온종일
상기된 기쁨으로
가슴이 빨그스름하다

그러나
그까지여야 한다
더 깊이
속심에 내려앉아
정 박히지 말아야 한다

하나님과의 연결관을
차단시키는
가장 위험스런 부패물인
칭찬이 잠입했다고
비상 경보기가 요란스럽게
울려야 한다

믿음의 길

가파른 언덕
헐떡이며 오를 때
저 꼭대기 넘어
땀 식히며 내려갈
내리막 있음을
알고 있지요

계속되는 장마
온 세상 뒤덮을 때
저 먹구름 밀려가면
무지개 곱게 걸릴
해맑은 날이 있음을
알고 있지요

적막한 밤
칠흑 어둠 자욱할 때
저 긴 밤 지나면
붉은 여명 동터올
찬란한 아침이 있음을
알고 있지요

믿음은
가파른 길
폭풍우
어둠 속에서도
어김없이 다가오는
위로와 축복의 내일이 있음을
알고 있는 것이지요

선악과

에덴동산 중앙
어디에 있다는 선악과가
내 주위에 온통 널브러져 있다
먹음직도 하고
보암직도 하고
지혜롭게 할 만도 한
맛난 것들이 식욕을 돋운다

다른 이의 약점을 통해서
나의 강점을 찾고
다른 이의 슬픔을 통해서
나의 행복을 헤아리려고 하는
얄팍한 속임수에 빠져
선악과를 슬그머니 따 먹는다

남편의 저녁 밥상에도
신비스런 선악과를
한 상 차려 내민다
우거작우거작

둘이서 거하게 먹고 나니
트림을 할 때마다
독한 신물이
목구멍을 타고 올라온다

죄책과 후회로
쓰라려 오는 복통을 부여잡고
밤 동산으로
선악과 주인을 찾아간다

내 주위에 있는 선악과를
다 거두어 가 달라고
그것이 힘들면
내 눈과 손을
죄에 둔한 눈과 손으로
다시 빚어 달라고 애원한다
매일 밤 동산은
미련한 통곡으로 가득하다

보디가드

기도가 끝나도록
문밖에서 기다리던
둥그런 달이
나를 보자
곧장 달려옵니다

포근히 어깨를 감싸며
눈물로 까칠한 얼굴도
매만져 줍니다

겁 많은 나를 위해
듬직한 보디가드를
대기시키신 당신 덕분에
오늘 밤은
불빛 대신
달빛으로 걸어보는
아주 행복한 밤입니다

이러한 사람이 되게 하소서

당신의 발아래
목숨 바치듯 옥합 깨뜨려
막을 길 없는 향기로
사랑을 고백하는 사람

당신 앞에
크고 작은 온갖 일들을 풀어놓고
당신의 조언에 귀 기울이는
지혜로운 사람

당신의 긍휼 가는 곳에
눈물 젖은 빵 한 조각을 나누며
오병이어의 기적을 손에 쥔
마음 부유한 사람

이러한 사람이 되게 하소서

충전

밤이면
휴대폰은 내일을 위해
꽁지를 열어
전기를 받는다

거리에는
자동차들이 남겨진 길을 위해
옆구리를 내밀고
벌컥벌컥 기름을 마신다

아침이면
사람들은 건실한 하루를 위해
적당한 운동과 영양소로
기운을 얻는다

지상에는
하나님의 자녀들이
천상의 약속을 이루기 위해
그의 가르침을
읽고 또 읽는다

하얀 발자국

앞을 보아도
뒤를 보아도
옆을 보아도

하얀 눈만
가득한 참으로
황홀한 세상

흠도 티도 없는
고운 눈밭에서
사르르 사르르
발길을 옮긴다

내 뒤로
하얀 발자국들이
조용히 줄지어
따르고 있다

내 인생길에도
하나님의 은혜가
눈처럼 쌓이고

나는
하얀 발자국만 남기고
걸을 수 있는
청명한 사람이 되었으면
정말 좋겠다

||||| 작품 해설 |||||

시인 혜성의
화해의 부드러운 손길과 눈길

이상규(시인, 전 국립국어원장)

인연이란 시간과 공간을 뛰어넘어 예기찮은 시점에 혹은 장소에서 마주한다.

어느 날 늦은 밤 희미하게 부식되어 버린 20여 년 전의 경북대학교 국문과 제자인 혜성으로부터 메일이 왔다.

혜성은 자신이 살아온 삶을 시에 엮어서 보냈다.

우선 목회자의 길을 걷고 있다는 신비감과 또 시인이라는 명예까지……

워낙 시가 싸구려가 된 이 시대에 목사와 시인이라는 두 가지의 명함. 왠지 어느 하나는 사치가 아닐까라는 선입견을 가지고 그녀의 시편을 열어보았다.

아연.

이처럼 엄숙한 시인이자 목회자인 혜성.

그녀의 미국 삶을 내 나름대로 상상해본다. 20대 초반의 철부지 같던 아이가 이처럼 화해의 부드러운 손길과 눈길로 세상을 바라볼 줄 아는 성인이 되었다니.

참 기뻤다. 그리고 행복했다.

"그녀를 위해 비축해 둔
엄청난 양의 지적과 충고의 총탄들을
난 그녀의 하소연을 들으며 만지작거렸다
(중략)
이제 그녀를 변화시킬 수 있는 것은
백발의 충고탄보다
한마디의 따뜻한 위로
그것이 필요하다는 것을 알았다."

〈그녀가 오늘 내 앞에 울고 있다〉

〈그녀가 오늘 내 앞에 울고 있다〉라는 시의 한 구절이다. 비판은 비판보다 앞질러 가는 저항의 칼날이 있음을, 그래서 그녀는 사랑의 위로 한마디로 감쌀 줄 아는 목회자의 감화력을 체득하고 있다는 낌새를 금방 알아차렸다.

너와 나의
불편한 응어리도
찻잔 안에 톨톨 털고
휘휘 저으면
순식간에
풀어져 버릴 수 있을까

〈각설탕〉

〈각설탕〉이란 시다. 앞의 시에 등장하는 '그녀'와 모서리진 '각설탕'은 동일한 이미지이다.

이러한 이미지는 〈옹달샘〉에서도 다시 연쇄적으로 연결되고 있다. 서로 다른 소재이지만 그의 내면이 연결하는 이미지의 코드는 결코 이질적이지 않다.

각설탕 같은 세상은 충돌하고 깨어져 갈등하고 눈에 보이지 않는 마음의 생채기에 피가 난다.

각진 것을 허물려는 그녀의 내면적 의도는 곳곳에서 발견된다.

인간 공동체 삶의 길을 하나님의 사랑처럼 화해와 용서를 모색하려는 그녀의 언어가 시로 다시 태어나고 있다.

숨길 수 없이 시인 혜성의 살아왔던 지나왔던 길과 또 앞으로 살아갈 길이 훤히 트여 보인다.

돌아보니
길은 있었습니다
보이지는 않지만
내가 내딛을 때마다
생겨나는 길이 있음을
이제 알게 되었습니다

〈길〉

시인 혜성은 〈길〉이라는 작품을 통해 지나온 길과 앞으로 갈 길을 이미 예언하고 있다.

처연하게 복음의 길을, 혼자가 아닌 세상에서 부닥치는 많은 사람들과 함께하는 여행은 이미 시작되었다.

마음속의 부드러운 언어를 길러내며 세상 사람들과 함께 내일의 길로 향하고 있다.이미 돌아서지 못할 순결한 그 길을 향한 항해가 시작되었다.

부드럽고 활기차게 혜성이 끄는 배는 순항할 것으로 예측된다.

순항하는 열린 뱃길이 지향하는 〈겨울여행〉이라는 시를 보자.

가난한 시인의 코트를
서걱거리는 바람에 날리며
오늘은 꼬리 긴 기차를 타고 싶다

헤이즐넛 향 커피 한 잔 손에 들고
깨끗한 시집 한 권 팔에 끼고
하늘과 들과 강을 안은 창가에 앉고 싶다
멀찍이 앉은 순박한 얼굴들과 눈인사 나누며
창밖 흩날리는 눈발을 가슴에 맞으며
가난하지만 시가 있어 행복한 시인이 되어
깊은 겨울 나라로 떠나고 싶다

〈겨울 여행〉

미국에서 가난한 목회자의 삶을 살아가는 눈부시게 밝은 시인 혜성의 모습이 아득한 상상으로 나에게 다가선다.

그녀는 이미 '깊은 겨울 나라로 떠나고 싶은' 희망형의 미래가 아닌 진행형의 길을 이미 떠난 길손이다. 그녀의 곁에는 올망졸망 사람들이 많이 따라 갈 것 같다.

문학과 예술이 자신에게 헌신하는 것이 아니라 이웃과 공동체에 헌신하는 복음의 눈길이자 손길임을 이미 해득한 시인 혜성이 걸어갈 앞길에 주님의 축복이 늘 함께하기를 기도한다.

판권
소유

혜성 시집
길

2013년 4월 10일 인쇄
2013년 4월 15일 발행

지은이 | 혜성
발행인 | 이형규
발행처 | 쿰란출판사

주소 | 서울특별시 종로구 이화동 184-3
TEL | 02-745-1007, 745-1301, 747-1212, 743-1300
영업부 | 02-747-1004, FAX / 02-745-8490
본사평생전화번호 | 0502-756-1004
홈페이지 | http://www.qumran.co.kr
E-mail | qrbooks@gmail.com
E-mail | qrbooks@daum.net
한글인터넷주소 | 쿰란, 쿰란출판사

등록 | 제1-670호(1988.2.27)

책임교열 | 최찬미 · 오완

값 7,000원

ISBN 978-89-6562-438-7 03230